Où est le sens interdit ?

Où est ma banane ?

Toc !

Où est passé mon os ?

CONCEPTION
Pauline Gallimard • Pascale de Bourgoing

© Calligram 2014
Tous droits réservés pour tous pays
Imprimé en Italie
ISBN : 978-2-88480-687-9

Max et Lili

Dominique de Saint Mars • Serge Bloch

Chasse au trésor

CALLIGRAM

Mon cher Max,

Pour les vacances, je t'ai organisé une chasse au trésor !

1 Rendez-vous dans ta chambre, c'est là que le jeu commence !

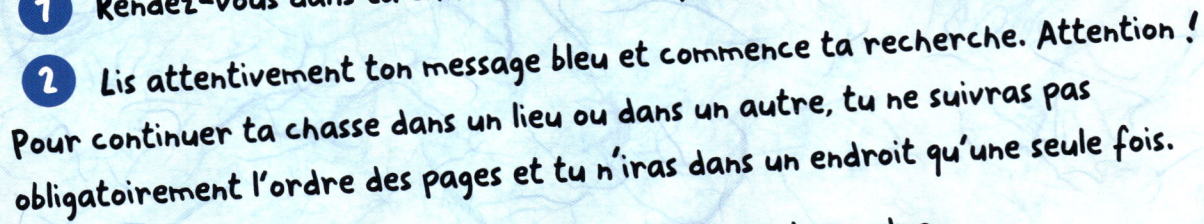

2 Lis attentivement ton message bleu et commence ta recherche. Attention ! Pour continuer ta chasse dans un lieu ou dans un autre, tu ne suivras pas obligatoirement l'ordre des pages et tu n'iras dans un endroit qu'une seule fois.

3 Quand tu auras découvert le prochain lieu où te rendre, lis d'abord ton message bleu et continue.

4 Si dans un endroit, tu es bloqué, aide-toi de ton « Joker Max », écrit à l'envers en bas de la page.

Amuse-toi bien !

Popy, le roi de la chasse au trésor

Ma chère Lili,

La chasse au trésor que je t'ai organisée est différente de celle de Max ! Les jeux sont différents, l'ordre des lieux où aller change aussi.

1 Comme Max, le jeu commence dans ta chambre.

2 Lis attentivement ton message rose et commence ta recherche. Attention ! Pour continuer ta chasse dans un lieu ou dans un autre, tu ne respecteras pas obligatoirement l'ordre des pages et tu n'iras dans un endroit qu'une seule fois.

3 Quand tu auras découvert le prochain lieu où te rendre, lis d'abord ton message rose et continue.

4 Si dans un endroit, tu es bloquée, aide-toi de ton « Joker Lili », écrit à l'envers en bas de la page.

Ton Popy qui t'aime !

Bonjour mes chéris !

Pendant que votre grand-père organisait sa chasse au trésor, je vous ai préparé des petites surprises ! Dans chaque lieu, j'ai caché :

- un petit cœur rose pour toi, Lili
- une étoile pour mon Max
- une souris pour Pompon
- un os pour Pluche

Et... plus difficile... j'ai laissé dans chaque lieu le même jouet... mais lequel ?
Ouvrez l'œil, mes chéris !   Mamie

LA CHAMBRE DE

Lili, tu commences ici !

MESSAGE LILI
Trouve 3 objets rouges qui ne sont pas en double. L'un d'eux est un habit qui appartient à l'un de tes copains. Retrouve ce copain avec le même habit dans le prochain lieu où tu dois te rendre et lis mon nouveau message. Bonne chance à toi !

Joker Lili : L'habit à trouver est un pull. Ton copain le porte dans le prochain lieu où tu dois te rendre.

MAX ET LILI

Max, tu commences ici !

MESSAGE MAX
Avant de quitter ta chambre, tu dois trouver 3 objets rouges qui ne sont pas en double. L'un d'eux va te permettre d'être plus rapide dans tes recherches. Retrouve cet objet dans le prochain lieu où tu dois te rendre et lis mon nouveau message.
Ouvre l'œil… et le bon !

9

Joker Max : L'objet pour être plus rapide a 4 roulettes.

LA RIVIÈRE

MESSAGE LILI
Je savais que tu aimais bien les ânes !
Maintenant, tu dois chercher dans ce pré
3 animaux typiques d'Afrique. Ces animaux ont
dans la bouche un indice qui te fera découvrir
3 bulles-devinette à lire. Les solutions te
donneront le prochain endroit où tu dois te
rendre et 2 objets qui s'y trouvent.
Bonne chance, ma Lili !

Mon 1er est une voyelle accentuée, mon 2nd est une partie de ta chemise. Mon tout est le prochain lieu où tu dois te rendre.

Mon 1er porte la voile du bateau.
Mon 2e n'est pas beaucoup.
Mon 3e est à moi.
Mon 4e est un chiffre pair.
Mon tout tourne sur elle-même et se trouve dans le prochain lieu où tu dois te rendre.

Nuit et jour, je parle et je chante sans ouvrir la bouche. Qui suis-je ?

Joker Lili : Nuit et jour, je parle et je chante sans ouvrir la bouche... Je suis la radio et je me trouve dans le prochain lieu où tu dois te rendre !

MESSAGE MAX
Encore gagné ! Tu as retrouvé le poisson. Cherche aussi son frère et sa sœur, tout aussi voraces. Ces poissons mangent un indice qui te fera découvrir 3 bulles-devinette à lire. Les solutions te donneront le prochain endroit où tu dois te rendre et 2 objets qui s'y trouvent.

Mon 1er contient 12 mois, le train s'arrête dans mon 2nd. Mon tout est le prochain lieu où tu dois te rendre.

S - K - BO !
L'objet caché derrière ces lettres se trouve dans le prochain lieu où tu dois te rendre.

K - i - É
L'objet caché derrière ces lettres se trouve en grand nombre dans le prochain lieu où tu dois te rendre.

Joker Max : Mon tout tourne sur elle-même... Je suis la mappemonde et je me trouve dans le prochain lieu où tu dois te rendre.

11

L'ÉCOLE

MESSAGE LILI

Karim te remercie pour son pull et te propose une nouvelle enquête. Sur les feuilles et les cahiers, cherche tous les chiffres bleus. Remis dans le bon ordre, ils te donneront l'année de naissance d'un personnage célèbre affiché au mur. Ce personnage te donnera un indice sur son pays. Retrouve cet indice dans la prochaine pièce de la maison où tu dois te rendre.

$$146 + 20 = 166$$

$$429 + 833 = 1262$$

$$687 + 1945 = 2632$$

$$7379 - 157 = 7222$$

Joker Lili : Les chiffres à trouver sont : 1 - 8 - 9 - 1

MESSAGE MAX

Bravo, tu as été malin ! Cherche sur les feuilles et les cahiers toutes les lettres bleues. Remises dans le bon ordre, elles te donneront le nom d'un personnage célèbre affiché au mur. Ce personnage te donnera 4 indices colorés à trouver dans le prochain lieu où tu dois te rendre.

Joker Max : Les 4 lettres à trouver sont : A - B - H - C

LE PARC

MESSAGE LILI

Je vois que Koffi t'a accompagnée au parc. Il te raconte une légende sur les fourmis de son pays ! Pour savoir où continuer ta chasse au trésor, repère les fourmis rouges et suis-les avec ton doigt. Leur disposition te donnera un numéro bien utile pour te rendre directement au prochain lieu.

Joker Lili : Le chiffre des dizaines est sur la page de gauche, le chiffre des unités est sur la page de droite.

MESSAGE MAX
Bravo, tu as retrouvé la colonie de petites bêtes noires. Qui dit fourmis, dit oiseaux. Trouve les 3 oiseaux chanteurs. Ils te donneront 3 indices pour identifier une personne dans le parc.
Retrouve cette personne dans le prochain lieu où tu dois te rendre !

Joker Max : Les oiseaux chanteurs ont des notes de musique qui sortent de leur bec.

LA VILLE

MESSAGE LILI

Que de monde en ville ! Beaucoup de gens ont des lunettes, mais celui qui te donnera le prochain indice a aussi une barbe, une écharpe et pas de chapeau. Étonné, cet homme s'est arrêté. Retrouve celui à qui il dit bonjour dans le prochain lieu où tu dois te rendre.
Bisous !

Joker Lili : Cet homme salue un animal.

MESSAGE MAX

Gagné, je vois que ta planche a été rapide ! Pour continuer, tu dois aider madame Martineau à retrouver son chien. Il a un collier rouge, une tache marron sur l'œil et une oreille grise. Regarde quel animal ce chien observe et retrouve cet animal dans le prochain lieu où tu dois te rendre. Bonne chance !

Joker Max : Rapproche-toi de la fontaine !

LE HANGAR

MESSAGE LILI

Waouh ! Tu es la reine des devinettes !
Maintenant, ouvre l'œil et cherche une mouche à 4 ailes.
À côté de la mouche se trouve une drôle de petite bête.
Retrouve cette bête dans le prochain lieu où tu dois te rendre.

Joker Lili : La mouche à 4 ailes se trouve près d'un point d'eau.

MESSAGE MAX
Ici, tes copains écoutent une musique qui te donnera 4 indices colorés sur le pays d'origine d'une caisse.
Trouve cette caisse, elle te donnera 7 nouveaux indices à trouver dans le prochain lieu où tu dois te rendre.
Hé, hé, tu te rapproches du trésor !

Joker Max : La couleur des notes de musique te donne les 4 couleurs d'un drapeau collé sur la caisse à trouver.

LE SÉJOUR

MESSAGE LILI
Bravo championne, tu as retrouvé Koffi !
Avant de quitter la cuisine, tu dois trouver
3 desserts qui ne sont pas en double.
Puis retrouve-les tous les trois dans le
prochain lieu où tu dois te rendre.
Si tu as faim, choisis un gâteau au passage !

Joker Lili : L'un saute, l'autre est glacé et le troisième se fait grignoter !

21

MESSAGE MAX
Intéressant, ce qui passe à la télé, et ça ouvre l'appétit... Cela tombe bien, tous tes amis ont droit à une part de gâteau aux 4 parfums ! Une seule part n'a que 3 parfums. Trouve-la. Elle te donnera 3 indices sur l'avant-dernier lieu où tu dois te rendre. Bonne chance !

1 part

Joker Max : Une souris verte louche sur ce gâteau avec ses deux copains !

LE JARDIN

MESSAGE LILI
Bravo, tu as retrouvé Jérôme !
Je sais que tu aimes les fleurs, ma Lili.
Si tu trouves celle qui n'a pas 5 pétales,
qui n'est pas bleue et qui n'a pas 2 feuilles,
elle t'indiquera où est caché le trésor !

HUM !

Joker Lili : Devine qui a mangé le trésor ?

MESSAGE MAX
Tu chauffes, Max ! Tu dois encore trouver 4 ballons qui forment une série. Quand tu les auras trouvés, trace avec ton doigt une croix pour les réunir. Au centre de cette croix se trouve le trésor !

LA CABANE

MESSAGE LILI

Tu sais que j'adore le violet ! Pour continuer ta chasse au trésor :
- Va voir une amie qui a près d'elle un escargot avec une coquille jaune à pois verts.
- Rejoins le copain qui regarde un papillon assorti à l'escargot.
- Cherche le jumeau de ce papillon qui est vert à pois jaunes.
- Le serpent le plus proche de ce papillon pointe sa langue fourchue vers un copain de Max.
- Retrouve ce copain exactement dans la même position dans le dernier lieu où tu dois te rendre.

Hum, ça sent le trésor !

Joker Lili : Le copain à retrouver dans le dernier lieu où te rendre porte des lunettes.

MESSAGE MAX

Bravo, tu les as trouvés, ces petits voleurs de gâteau !
Maintenant, va voir le panneau accroché sous la cabane. Compte les animaux de ce lieu pour résoudre les énigmes. Les 4 résultats sont les mêmes, ils t'indiqueront un numéro bien pratique pour découvrir le dernier lieu où tu dois te rendre.

? ? serpents + 11 =
? lapins + 18 =
? ? escargots + 3 =
? ? papillons + 6 =

Joker Max : Le numéro bien pratique est celui de la page où tu dois te rendre.

3 JEUX BONUS

1 - JEU DES COPAINS

Pendant ma promenade, j'ai rencontré beaucoup de vos copains dans des attitudes bien spéciales. Cherchez où je les ai vus. Plein de bisous Mamie

1 Hugo amoureux
2 Fathia énervée
3 Alex étonné
4 Manu la terreur
5 Émilie trop contente
6 Zigzou victorieuse
7 Karim effaré
8 Marlène mécontente
9 Lucien furieux
10 Jérémy frimeur
11 Clara songeuse
12 Jérôme relax
13 Nicolas vengeur
14 Zoé triste
15 Juliette fière
16 Valentine vantarde
17 Koffi ravi
18 Victor désabusé
19 Sarah timide
20 Kim attendrie

2 - JEU DIABOLIQUE

J'ai aussi caché toutes sortes d'objets absolument n'importe où ! Tous appartiennent à des gens que vous aimez beaucoup. Mais où les ai-je mis ? Bonne recherche !

Votre Mamie qui vous aime

1. Le tam-tam africain de Koffi
2. La glacière de Barbara
3. Les lunettes de Mélusine
4. Le couteau suisse de Lucien
5. Les carottes du lapin
6. Le télescope de Papy Léon
7. Les chaussures de foot de Jérémy
8. Le seau de Rita
9. La bombe de Valentine
10. La casserole de Paul
11. Le paquet de chips de Marlène
12. La poupée d'Isis
13. La casquette de Jérôme
14. Le ballon de basket de Karim
15. Le sac de Nicolas
16. La lettre d'amour d'Hugo
17. La scie de Victor
18. La bouée de Manu
19. La boîte à outils de Popy
20. Le violon de Kim

3 - JEU DES PHOTOS

J'ai aussi pris 20 photos. Vous devez retrouver dans quel lieu je les ai prises. Bonne chance, mes grands chéris !

Mamie

28 LES RÉPONSES

P.8 LA CHAMBRE DE MAX ET LILI

○ Retrouve Karim et son pull à l'école.
○ Retrouve la planche à roulettes dans la ville.

P.10 LA RIVIÈRE

○ Retrouve l'escabeau et la radio au hangar.
○ Retrouve la mappemonde et le cahier à l'école.

P.14 LE PARC

○ Va en ville page 16.
○ Une fleur, une glace et un collier : retrouve la marchande de glaces au séjour.

P.16 LA VILLE

○ Retrouve l'âne à la rivière.
○ Retrouve le poisson à la rivière.

P.20 LE SÉJOUR

○ Retrouve une crêpe, une glace et une part de gâteau au parc.
○ Retrouve la souris, le papillon et l'araignée verte à la cabane.

P.22 LE JARDIN

○○ Le trésor était caché dans la niche. Pluche et Pompon l'ont mangé. Heureusement que Mamie avait gardé des pièces d'or dans son sac !

29

LA CHASSE AU TRÉSOR
○ Réponses de Max
○ Réponses de Lili

P.12 — L'ÉCOLE

○ 1918 - Mandela. Retrouve le drapeau de l'Afrique du Sud dans le séjour.
○ BACH - Retrouve les notes de musique dans le hangar.

P.18 — LE HANGAR

○ Retrouve la petite bête violette à la cabane.
○ Drapeau rouge, bleu, jaune, vert : Île Maurice. Retrouve les fourmis noires au parc.

P.24 — LA CABANE

○ Retrouve Jérôme au jardin.
○ 4 lapins, 11 serpents, 19 escargots, 16 papillons. Résultat des 4 énigmes : 22. Va au jardin page 22.

○ LES SURPRISES DE MAMIE
- Étoile de Max
- Petit cœur rose de Lili
- Os de Pluche
- Souris de Pompon
- Le jouet surprise

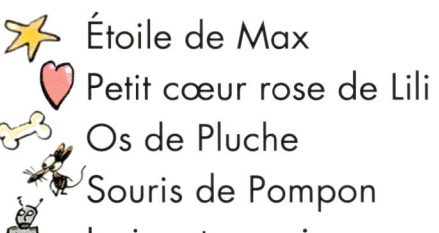

JEUX BONUS

● Les copains
1. Hugo amoureux
2. Fathia énervée
3. Alex étonné
4. Manu la terreur
5. Émilie trop contente
6. Zigzou victorieuse
7. Karim effaré
8. Marlène mécontente
9. Lucien furieux
10. Jérémy frimeur
11. Clara songeuse
12. Jérôme relax
13. Nicolas vengeur
14. Zoé triste
15. Juliette fière
16. Valentine vantarde
17. Koffi ravi
18. Victor désabusé
19. Sarah timide
20. Kim attendrie

● Les photos
1. Fantôme
2. Langue de vache
3. Chien qui fait pipi
4. Théière
5. Deux amoureux
6. Magazine
7. Bateau
8. Cheval à bascule
9. Queue de cochon
10. Sirène
11. Oreille rose
12. Cage du hamster
13. Nid d'oiseau
14. Élève
15. Ailes d'ange
16. Ours en peluche
17. Jumelles
18. Mouette
19. Drapeau
20. Longue-vue

JEU DIABOLIQUE

● Les objets
1. Tam-tam de Koffi
2. Glacière de Barbara
3. Lunettes de Mélusine
4. Couteau suisse
5. Carottes du lapin
6. Télescope de Papy Léon
7. Chaussures de foot
8. Seau de Rita
9. Bombe de Valentine
10. Casserole de Paul
11. Paquet de chips
12. Poupée d'Isis
13. Casquette de Jérôme
14. Ballon de basket
15. Sac de Nicolas
16. Lettre d'amour d'Hugo
17. Scie de Victor
18. Bouée de Manu
19. Boîte à outils de Popy
20. Violon de Kim

Où est ma malette ?

Où est mon copain rouge-gorge ?

Où est mon bébé ?